Couvertures supérieure et inférieure manquantes

L'INSTRUCTION

ET

L'INDUSTRIE

A TARARE

PAR MAGAT

Instituteur public, Officier de l'Académie, Chevalier de la Légion-d'Honneur.

> Le savant illustre et le maître le plus humble travaillent à la même œuvre, et de cette œuvre doivent sortir la concorde entre les classes, l'égalité entre les citoyens, le progrès en tout et pour tous.
>
> (*Rapport sur l'enseignement supérieur*, 15 novembre 1868.)

LYON

IMPRIMERIE P. MOUGIN-RUSAND

Rue Stella, 3

—

1869

Mes chers Concitoyens,

La question qui, par son importance, prime toutes les autres, pour le présent comme pour l'avenir de notre ville, est, selon moi, celle de l'instruction publique.

Puisqu'elle est à l'ordre du jour, je profiterai de cette circonstance pour dire que je considère l'enseignement professionnel ou spécial comme celui qui convient le mieux aux besoins de notre industrie.

Mais depuis que, pour la première fois, j'ai énoncé cette pensée, plus de dix années en s'écoulant m'ont assez rapproché de l'époque de ma retraite, pour qu'il me soit permis de la développer aujourd'hui, sans être taxé d'une autre ambition que celle de pouvoir être utile au pays qui m'honore depuis si longtemps de son estime et de sa confiance.

L'INSTRUCTION

ET

L'INDUSTRIE

A TARARE

> Le savant illustre et le maître le plus humble travaillent à la même œuvre, et de cette œuvre doivent sortir la concorde entre les classes, l'égalité entre les citoyens, le progrès en tout et pour tous.
>
> (*Rapport sur l'enseignement supérieur*, 15 novembre 1868.)

I.

L'instruction touche par tant de points aux côtés sérieux de la vie ; elle influe d'une manière si directe sur nos destinées. que nous ne devons point être surpris de l'empressement avec lequel on cherche à s'instruire.

C'est même un signe du temps que cette ardeur avec laquelle nous aimons à cultiver la science, moins peut-être, avouons-le, pour les nobles jouissances qu'elle procure, que pour lui demander ses secrets et les faire servir au bien-être commun. D'ailleurs la science se prête volontiers à nos exigences, et c'est de bon cœur qu'elle s'est faite le bienfaisant auxiliaire du travail de l'homme.

« Aristocratique de nature, puisqu'elle est formée par l'élite « des esprits supérieurs, la science resta longtemps dédai- « gneuse de la foule, et n'aimait pas à sortir du cercle étroit « des initiés. Mais, de nos jours, elle change ses habitudes et « se fait démocratique, comme nos mœurs et nos institutions. « Elle apprend à parler une langue que tout le monde entend. « Elle simplifie ses moyens d'enseignement et rend visibles « pour de grandes foules, les plus mystérieuses opérations de « la nature, tout en continuant à inspirer de savants mémoires « et de profonds ouvrages, elle compose de petits livres qui « vont former nos bibliothèques populaires. Avec eux, elle « vient s'asseoir au foyer du pauvre et lui dit :

« Moi aussi, je suis la messagère de Dieu, car il est la « vérité et je l'annonce ; il est la lumière et je la répands ; « il est la justice et je la fais naître dans les cœurs où je passe. « Il a voulu le progrès dans le bien : car lorsqu'au jour de la « création, la terre et l'homme s'échappaient de ses mains, il « cacha dans le sein de la nature des secrets qu'il obligea « l'homme à chercher à la sueur de son front. Ces secrets, « c'est moi qui les découvre ; ce progrès qui est dans l'odre « divin, c'est par moi que vous pouvez l'accomplir. Je suis « la science et l'art, et je m'appelle la civilisation » (1).

(1) Discours prononcé par son Ex. le ministre de l'instruction publique, le 9 mai 1869, à la distribution des prix de l'association polytechnique.

Notre tort à nous a été, sans nul doute, de ne pas avoir prêté une oreille attentive à cette voix d'en haut, nous annonçant les merveilles que la science aurait pu produire en notre faveur, si nous l'avions appelée au secours de notre industrie.

Car tandis que nous nous sommes contentés, à Tarare, du programme étroit de l'enseignement primaire, les nations voisines, nos rivales, ont demandé à un système d'instruction populaire, plus complet et plus pratique, des procédés perfectionnés et économiques de fabrication, avec lesquels elles nous ont combattus d'une manière qui n'a été avantageuse ni à notre amour-propre, ni à nos intérêts.

Cependant les souvenirs de notre grande Exposition de 1867 sont là pour nous montrer que nous ne devons pas nous décourager, car nous sommes les enfants de cette France qui n'a pas l'habitude de se laisser vaincre, et qui sait, quand elle le veut, aussi bien manier les armes pacifiques de l'industrie, que le glaive des combats.

Je sais que le mal de notre situation tient à des causes complexes et qu'il appartient à une voix plus compétente de faire connaître ; j'ai vu la question par son côté le plus général, et il m'a semblé qu'il serait de bonne guerre d'imiter nos rivaux, en faisant, dans notre enseignement public, une plus large part aux intérêts de notre industrie.

Mais convenons tout d'abord que l'instruction, qu'elle s'appelle primaire ou secondaire, classique ou professionnelle, doit avoir pour premier objet de développer, sous l'influence de la religion et de la science, les facultés naissantes de l'enfant pour préparer en lui l'homme au jugement sain, au cœur droit, à la raison élevée, autant qu'au caractère généreux et bon, et à tout ce qui peut contribuer à en faire d'abord le fils respectueux, plus tard, l'appui de sa famille, le citoyen utile et honorable ; l'homme enfin de son temps et de son pays.

Ces principes d'éducation une fois posés, traçons un plan d'études, qui tout en ayant un caractère de généralité par le côté qui se rapporte à la culture de l'intelligence, converge néanmoins vers un but d'utilité pratique.

Les intérêts de notre ville, consultés, nous aideront à déterminer le programme d'enseignement.

Dans une localité comme la nôtre, où la richesse ne vient pas du sol, mais du commerce et de l'industrie, il semble tout naturel d'initier de bonne heure le jeune homme aux destinées qui l'attendent comme patron ou comme ouvrier; de lui dire, incidemment au moins, ce que c'est que ce textile, le coton, matière première de notre industrie, source de notre richesse; comment il se cultive, comment il se file, et, quant à son degré de finesse, quels sont les rapports qui existent entre notre numérotage et celui des Anglais. Il convient aussi d'indiquer la nature des préparations qu'il subit avant d'acquérir la souplesse et la ductilité d'un filament à tisser.

On entrerait ensuite avec l'élève dans quelques détails intimes de fabrication, de grillage, blanchiment et teinture de nos tarlatanes, à la gamme de couleurs si riche et si brillante.

Il faudrait aussi fixer son attention sur une autre partie bien importante de notre fabrique : celle qui demande l'intelligence du métier Jacquard, et appliquer son imagination au dessin des façonnés et à celui de nos broderies, qui ont été tellement perfectionnées, qu'elles peuvent, dans de certains cas, être considérées comme des œuvres d'art.

Mais à ce point de vue, purement industriel, nous aurions à enseigner :

La mise en carte,

L'arithmétique commerciale,

La comptabilité et la tenue des livres,

La correspondance commerciale,

Le droit commercial,

Les prix comparatifs d'achat, de transport, de revient et de vente,

Les tarifs des douanes,

Les questions de banque, change, comptes d'opérations,

Les langues étrangères, puisque nos relations d'affaires s'étendent de plus en plus dans le monde.

Ces connaissances en supposent d'autres plus générales par lesquelles nous aurons commencé l'instruction de nos élèves, celles des sciences, mais en leur donnant toujours un but d'application.

Ainsi les mathématiques nous serviront tout d'abord à développer chez l'élève des aptitudes de logique pour l'habituer à former son jugement, à raisonner juste et à saisir promptement les rapports des choses, en apprenant en tout à procéder par voie de déduction.

Mais, au point de vue pratique, l'arithmétique nous enseignera ses procédés usuels de calcul; la géométrie, ses moyens descriptifs, et l'algèbre, ses formules d'un emploi devenu si fréquent;

Tandis que la mécanique nous ferait comprendre et raisonner l'emploi des forces appliquées aux divers engins de notre industrie.

Nous ne demanderons pas seulement à la physique ses principes généraux, si intéressants à connaître pour tous, mais elle nous expliquera encore ce qui se rapporte plus particulièrement à nos machines à vapeur, nos presses hydrauliques, etc., etc.

La chimie, qui nous a déjà dévoilé plusieurs de ses secrets pour nos apprêts et nos teintures, peut nous en révéler d'autres encore, car le champ qu'elle embrasse est immense comme l'horizon qui s'agrandit quand on s'élève.

L'histoire naturelle sera également notre tributaire, car c'est elle qui nous fournit ces nombreux textiles qui se combinent de mille manières dans le tissage des étoffes. Cette étude de la nature est d'ailleurs pour le dessinateur comme pour le poète la source la plus féconde et la plus pure de ses inspirations.

Le dessin d'imitation serait appelé à populariser le sentiment de la beauté dans les formes pour en tirer parti dans nos compositions de fabrique,

Tandis qu'on s'appliquerait à vulgariser le tracé linéaire, devenu la langue obligée que doivent nécessairement savoir lire et écrire l'architecte, le constructeur, le mécanicien, le charpentier, et tout ouvrier qui veut par son savoir dominer sa position.

II

Nous pourrions nous arrêter aux matières que je viens d'indiquer, et nous aurions à peu près posé les bases d'un enseignement spécial approprié aux intérêts de notre industrie, mais nous en étendrons le cadre, en y faisant entrer ce que le législateur a placé lui-même dans la loi du 21 juin 1865, dans le but de développer d'une manière plus complète l'intelligence de l'élève, afin d'en faire un homme avant de songer à former un commerçant ou un ouvrier.

C'est ainsi que tout en nous efforçant d'élever le sens moral et intellectuel de l'élève, nous devons lui donner les moyens d'exprimer sa pensée avec clarté, facilité, élégance même, s'il est possible. L'expérience est là d'ailleurs pour nous dire que si le jeune homme n'est pas suffisamment exercé à rendre ses idées d'une manière prompte et correcte par la parole ou par la plume, il ne peut profiter convenablement de la leçon d'un professeur.

Nous ferons donc une étude très-sérieuse de la langue française, non-seulement de son orthographe, mais aussi de sa littérature et de ses préceptes, en y joignant ceux de la logique et de l'analyse raisonnée des principaux auteurs. Il est vrai que nos élèves ne pourront lire les œuvres des anciens que dans des traductions; mais si elles sont bonnes, ils en recueilleront encore un profit réel, qui les dédommagera des huit ou dix années qu'ils auraient dû consacrer à les comprendre dans la langue d'Homère ou de Virgile. Leur savoir littéraire s'augmentera par l'étude des langues vivantes inscrites au programme.

L'histoire devrait avoir une large place parmi les sciences appelées à faire naître les idées et enrichir la mémoire. Nous aurions d'abord celle de notre pays, avec le récit des révolutions qui ont agité notre vieille Gaule et notre France, avant d'en arriver à l'Etat social où nous vivons ; étude palpitante d'intérêt et bien capable de nous inspirer le respect du passé, qui nous a fait ce que nous sommes ; et propre à nous faire aimer le présent et préparer l'avenir par une génération sage et virile. L'histoire générale en nous racontant les origines, les splendeurs et la décadence des peuples anciens, avec les convulsions qui ont amené le monde nouveau, nous initierait au caractère de puissance, de grandeur, de richesse et de savoir qui distinguent les nations modernes.

Et, comme complément à l'histoire et son annexe inséparable, nous aurons la géographie, qui ne sera plus une simple nomenclature de mots, sèche et stérile, mais une science destinée à nous faire admirer l'œuvre de Dieu, dans le monde extérieur que nous habitons, avec la nature de son sol et ses productions ; puis celle des hommes dans les villes florissantes ; les démarcations politiques ; les divisions administratives ; les produits de l'industrie et du commerce de chaque contrée ; ses exportations et ses importations : douanes, monnaies, poids et mesures ; moyens de communication : lignes télégraphiques, chemin de fer, paquebots transatlantiques, etc., etc.

Ainsi enseignée, la géographie serait abondante en faits instructifs pour tous, mais particulièrement pour l'homme voué au négoce et aux affaires.

Je n'aurai garde d'oublier la musique, objet de l'intelligente prédilection de la jeunesse de notre ville. Mais je voudrais qu'elle fût obligatoire à tous les degrés de nos écoles, car elle est un puissant moyen d'éducation.

Nous réserverions aussi quelques instants, chaque jour, aux exercices gymnastiques, qui développent les forces physiques, comme l'étude, l'esprit ; la vertu, le cœur, et nous complèterions ainsi une instruction qui devrait produire, selon le vœu des anciens, une pensée saine dans un corps sain.

Mais ce programme que nous venons d'augmenter est précisément, au moins quant à son esprit, celui qu'un collége secondaire spécial serait appelé à mettre légalement en pratique par des cours de quatre années qui se compléteraient l'un par l'autre. En sorte que l'élève, forcé d'interrompre ses études avant ieur terme, aurait néanmoins acquis des connaissances précieuses et d'un emploi pratique.

Et si ce programme, avec l'immense questionnaire qui l'accompague, nous paraît offrir des parties moins utiles, nous savons que près de chaque établissement spécial se trouve un conseil de perfectionnement, investi du droit de retrancher et de modifier les matières de l'enseignement pour le mieux adapter aux besoins de chaque localité.

Ici je demande la permission de répondre à une objection qui ma été faite sur les tendances et l'esprit de ce nouvel enseignement.

N'aurait-il pas pour résultat d'engendrer des demi-savants, des déclassés et, par suite, des mécontents, espèce déjà nombreuse et compromettante?

J'avoue que je ne partage nullement cette appréhension, car je considère l'instruction comme le pain de l'intelligence que, sans parcimonie, il faut rompre à tous, mais en y mêlant un principe vivificatenr, celui de la morale et de ses devoirs. Il arrive alors que si le cœur se forme en même temps que l'esprit s'éclaire, l'homme jouit de la plénitude de ses facultés, et qu'étant moins sujet à l'erreur il est mieux disposé à écouter la raison et à ouvrir les yeux à la vérité.

Ce n'est pas d'ailleurs une instruction dirigée vers un but essentiellement pratique qui peut inspirer de telles craintes. Nous nous proposons simplement de préparer l'avenir d'hommes voués au travail, exercés de bonne heure aux choses positives, qui aimeront leur profession et s'y attacheront lorsqu'il leur sera possible de l'améliorer par leurs connaissances comme ils sauront l'honorer par leur conduite ; mais ils ne seront jamais un embarras ni pour eux, ni pour la Société.

L'industrie, le commerce, l'agriculture les cherchent et les appellent, ils lui ont fait défaut jusqu'à présent, et c'est seulement avec leur concours que Tarare peut espérer reconquérir une position compromise.

III

C'est donc un collége secondaire spécial, qui selon mes appréciations, répondrait le mieux aux besoins de notre ville et aux exigences des neuf dixièmes de la population.

Mais cette minorité a le droit d'être entendue lorsqu'elle réclame, nous le savons, en faveur de ses enfants, les bénéfices d'une instruction classique.

Si notre ville était assez riche de ressources pourqu'un collége secondaire et un collége spécial pussent fonctionner ensemble, il n'y aurait qu'à s'en féliciter : pendant que l'un préparerait aux professions, l'autre développerait les facultés au point de vue absolu et suivant le programme plus élevé des lycées. Mais nous n'avons pas à nous occuper de cette hypothèse, car le sens pratique nous dit que nous devons songer à fonder une maison d'éducation répondant à ce double objet.

Il suffirait pour lever la difficulté d'adjoindre au personnel des cours spéciaux, des professeurs de latinité, en rapport avec le nombre des élèves qui leur seraient confiés.

Dans notre ville tout industrielle, les professions libérales sont peu recherchées ; nous sommes d'ailleurs si rapprochés des grands établissements d'instruction que possède Lyon, qu'un collége qui ne serait que secondaire n'aurait pas de chances de vitalité, mais s'il était spécial en même temps, le succès en serait certain, car ces deux établissements se compléteraient l'un par l'autre, ce qui leur donnerait un caractère de plus d'utilité publique.

Même dans un grand nombre de cas, cette combinaison offrirait un précieux moyen d'interroger les vocations et d'éprouver les aptitudes.

Il pourrait arriver, quelquefois, en effet, qu'un jeune homme destiné, comme ont le dit vulgairement à faire ses classes, s'apercevant qu'il n'a pas les dispositions que réclame ce genre d'études, aurait, comme sous sa main, les moyens d'une instruction répondant à des facultés plus modestes.

Tandis qu'un autre élève, assis sur les mêmes bancs, pauvre de fortune peut-être, mais riche de tous les dons que la Providence se plait à prodiguer à ceux qu'elle veut favoriser, se trouverait à l'etroit dans notre programme spécial, car il faut à ses facultés l'horizon sans borne de la science. Que peut-il donc manquer à ce jeune aiglon qui déjà mesure l'espace qu'il veut parcourir afin d'accomplir ses destinées ?

Peu et tout : du latin et du grec.

Qu'il lui en soit donc donné, mais à haute dose, hâtivement et en dehors de la méthode ordinaire, afin qu'il puisse passer ses examens du baccalauréat à l'époque à peu près où s'y présentent ceux qui ont suivi la marche commune.

Puis, au moyen d'une bourse fournie par la ville, le département ou l'Etat, il continuerait ses études dans la direction qu'il aurait choisie. Et c'est ainsi que de temps à autre, trop rarement sans doute, nous aurions l'occasion de découvrir, d'encourager, de lancer peut-être, un homme de génie qui rendrait bien à la société ce qu'elle aurait fait pour lui.

Et alors nous briserions la barrière qui sépare les deux enseignements et nous rendrions accessible à tous l'entrée des carrières libérales, au fils de l'ouvrier aussi bien qu'à celui du riche.

Nos cours spéciaux en se combinant, dans une certaine mesure, avec ceux de l'enseignement classique, donneraient à notre collége quelque ressemblance avec celui de Chaptal, et par la portée plus générale des études, aux écoles municipales de Paris et à la Martinière de Lyon.

Dans tous les cas, il répondrait aux sympathies des familles, et les élèves ne lui feraient pas défaut.

On les recevrait à douze ans, âge où ils doivent avoir acquis les connaissances essentielles de l'instruction primaire.

Mais ici se place une réflexion bien triste : quelle que soit l'excellence du système d'éducation que l'on puisse imaginer en faveur de la jeunesse de notre ville, fût-il complètement gratuit, il ne sera d'aucune utilité pour les enfants qui quitteraient les écoles avant le temps pour subir la dure épreuve du travail.

Ces déshérités de la fortune le seraient-ils donc encore des avantages que procure l'instruction ?

Cela ne se peut pas, et voici comment je comprends le dédommagement qui leur serait offert :

Lorsque les portes de l'école du jour se fermeraient pour eux, on leur ouvrirait celles du soir, où ils compléteraient ce qui pourrait leur manquer en fait d'instruction primaire, et où, peu à peu, ils se familiariseraient avec les connaissances du programme spécial. En sorte que progressivement ils arriveraient à le parcourir dans ses parties essentielles et les plus en rapport avec la profession qu'ils auraient choisie.

Il y aurait lieu alors d'augmenter le nombre des cours d'adultes et celui des professeurs.

Si nous étions en Angleterre, dans notre Alsace, à Guebwillers, on les improviserait ces professeurs ; là les hommes d'instruction et de bonne volonté abondent, et l'on en trouve toujours qui, de leur plein gré et mus par la seule pensée du bien, consacrent volontairement quelques heures de leur temps à l'instruction des adultes dans les classes du soir.

Je suis persuadé que cet exemple trouverait des imitateurs dans notre ville qui compte tant d'hommes d'intelligence et de cœur. Mais, dans tous les cas, le personnel de notre collége spécial et celui de nos écoles primaires suffiraient probablement à cette tâche utile.

Ces cours faits avec simplicité, clarté, et dégagés le plus possible de l'appareil scientifique et des formules pour en arriver à un enseignement tout à la fois sérieux et pratique, seraient suivis et donneraient d'excellents résultats.

IV

J'ai hâte de compléter ma pensée pour tout ce qui touche à un système d'éducation dont il ne me reste qu'à développer quelques parties accessoires, œuvre du temps et des ressources du budget.

Pour qu'une école prospère, en dehors de toute considération de programme et de méthode et même du savoir et du dévouement de ses maîtres, il faut qu'elle soit pourvue d'un matériel suffisant d'appareils pour la démonstration. Ce que nous possédons, nous le devons à la générosité du Gouvernement qui, sans doute, voudrait bien encore venir à l'aide de notre administration pour compléter ce qui peut nous manquer.

Il serait vivement à souhaiter que l'école possédât un musée industriel, dont les diverses pièces serviraient de modèle de dessin. Je ne mets pas en doute que tout objet bien dessiné est un objet compris, et partant de cette idée, il en résulterait que nos élèves, jeunes encore, se mettraient au courant des instruments les plus perfectionnés de notre fabrique, et qu'une invention, qui aurait demandé des années pour arriver à son point de perfectionnement, ne serait plus que comme un jalon planté sur la route du progrès pour conduire à des investigations nouvelles.

Ce musée serait comme une exhibition de notre savoir industriel que nos ouvriers *chercheurs* consulteraient à volonté.

Mais à notre industrie, il ne faut pas seulement les principes de la mécanique, mais encore, et surtout peut-être, l'imagination qui crée et le goût qui épure. Je considérerais donc comme une nécessité de placer sous les yeux de nos élèves des objets d'art, exprimant bien leur époque, afin de favoriser leur inspiration. Nous commencerions à les collectionner modestement et sans bruit, pour en faire les premiers éléments d'un musée artistique pour l'époque où Tarare aurait un hôtel de ville digne de son importance.

Au moins, pour ce qui est de l'histoire naturelle, les professeurs et leurs élèves enrichiraient notre musée de la Flore et de la Faune de nos montagnes, ainsi que des richesses minéralogiques qu'elles renferment ; ceci ne coûterait rien et se compléterait chaque jour de congé et de promenade.

Le public jouirait de la vue de ce petit trésor de science et d'art comme de la récréation la plus digne, la plus noble qui puisse lui être offerte et la plus capable d'élever le sens moral et intellectuel.

Pourrions-nous d'ailleurs hésiter à faire passer cette idée en pratique lorsque nous voyons l'Angleterre nous montrer non-seulement son Sydenham et les collections de ses grandes villes, mais encore ses musées ambulants qu'elle fait voyager jusque dans les villages qui possèdent la plus humble école de dessin afin, de répandre partout le sentiment de l'harmonie dans la forme.

Ce pays, avec son sens pratique par excellence, nous donne tous les exemples à suivre, lorsqu'il s'agit de l'instruction populaire appliquée à l'industrie. Soyons bien persuadés, au moins, que tous ce que nous ferons pour diriger l'esprit de la jeune génération vers l'amour du bon et du beau ne sera pas perdu, et que l'argent dépensé par la ville, dans ce but, lui rapporterait de gros intérêts.

Maintenant je vais me résumer en resserrant dans un cadre étroit tout mon projet, afin de le considérer dans son ensemble.

Ce qui en forme comme la base principale, c'est la création d'un *collége secondaire spécial*, avec un plan d'études ayant pour objet une instruction tout à la fois générale et particulière, c'est-à-dire qui préparerait l'homme, dans l'enfant, et le conduirait au seuil de toutes les professions, mais particulièrement de la nôtre.

Cet établissement devrait donner aussi les éléments d'une instruction classique.

Nos écoles primaires, prépareraient aux cours spéciaux.

Quant aux élèves, obligés d'abandonner trop jeunes les écoles du jour, ils auraient celles du soir.

Comme corollaire de mon idée, un musée industriel d'abord, qui se compléterait, avec le temps, d'un musée artistique.

Tarare, avec ses salles d'asile, ses écoles primaires, son collége secondaire spécial, ses cours d'adultes, de dessin et de musique ; ses bibliothèques populaires, son musée, jouirait de moyens d'instruction à la portée de tous : du pauvre aussi bien que du riche, tout le monde aurait la faculté d'en profiter selon ses aptitudes, son goût et son âge.

Je ne dirai pas que ce projet d'enseignement est le résultat de mes récentes méditations. Il y a dix ans que, comme aujourd'hui, je l'avais formé dans ses parties essentielles et dans ses détails.

Mes convictions n'ont fait que s'affirmer en voyant s'édicter la loi sur l'enseignement secondaire spécial, et Tarare, depuis les traités de commerce qui ont consacré le libre échange, réclamer plus impérieusement que jamais une réforme dans son instruction populaire au profit de ses exigences industrielles.

Je termine, et pourtant je suis comme l'architecte qui, ayant élevé le plan de face d'un édifice, devrait en tracer les diverses coupes et dresser son devis.

C'est-à-dire qu'il me resterait maintenant à indiquer les moyens pratiques d'exécuter mon projet.

Tout d'abord, rechercher quelle méthode d'enseignement il conviendrait d'adopter pour donner la vie à cette maison d'éducation.

Lors de la grande enquête de 1864, sur l'enseignement professionnel, comme on demandait à MM. Montjean et Marguerin, directeurs du collége Chaptal et de l'école Turgot, à Paris, comment ils pouvaient obtenir de leurs élèves des progrés aussi remarquables, ils répondaient : *Par des moyens à nous.*

Le directeur de la Martinière, à Lyon, aurait pu dire aussi que le succès de ce bel et utile établissement était dû à une entente toute particulière d'un mode simultané qu'on a su élever à sa suprême puissance par une solidarité parfaite entre le maître et l'élève, au moyen de l'audition, des questions et des réponses.

Nous aurions à nous inspirer de ces grands établissements pour combiner, par des procédés rationnels et expéditifs, la démonstration qui satisfait l'entendement et la mémoire, et l'expérimentation qui la rend plus durable.

Mais il n'y a que le temps et une observation attentive qui pourraient nous permettre d'avoir une méthode à *nous*.

Si l'on décidait la création d'un collége secondaire, spécial à Tarare, il y aurait lieu alors de déterminer :

Le choix et l'aménagement du local,

Le personnel qu'il conviendrait d'attacher à son service,

Les dépenses d'installation et d'entretien.

A l'autorité municipale seule appartient le droit de résoudre ces questions.

Lyon, impr. P. Mougin-Rusand. — 1869.

www.ingramcontent.com/pod-product-compliance
Lightning Source LLC
LaVergne TN
LVHW020454230826
846091LV00008BA/3207

* 9 7 8 2 0 1 6 1 3 9 9 6 7 *